그림으로 보는
지형
말뜻 사전

글쓴이 조지욱

부천의 고등학교에서 한국 지리와 세계 지리를 가르치는 교사입니다. 늘 '어떻게 하면 학생들이 지리의 재미와 가치를 느낄 수 있을까?'라는 고민을 하며 답을 찾고 있습니다. 지은 책으로 『동에 번쩍 서에 번쩍 우리나라 지리 이야기』, 『동에 번쩍 서에 번쩍 세계 지리 이야기』, 『문학 속의 지리 이야기』, 『열다섯 살에 떠나는 세계 일주』, 『우리 땅 기차 여행』, 『백두에서 한라까지 우리나라 지도 여행』, 7차 교육과정 교과서 『세계 지리』, 2009 개정 교육과정 교과서 『세계 지리』, 『수능특강 세계 지리』 등이 있습니다.

그린이 김미정

재미있는 글을 읽고 재미있는 그림을 그리기 좋아하는 일러스트레이터입니다. 고양이 네 마리, 강아지 한 마리, 그리고 장난꾸러기 드러머 한 명과 함께 살고 있고, 스물다섯 마리 길냥이들의 엄마이기도 합니다. 식구들을 돌보는 틈틈이 그림 그리기, 장보기, 요리하기, 청소하기, 탐정 소설 읽기, 거꾸로 글씨 쓰기 같은 일도 빠뜨리지 않습니다. 가장 최근에 그린 책으로는 『우리 신화』, 『처음 만나는 물고기 사전』, 『아빠와 함께하는 목공은 즐겁다』 등이 있습니다.

그림으로 보는 지형 말뜻 사전

조지욱 글 | 김미정 그림

사계절

글쓴이의 말
어려운 지형, 말뜻부터 배우자

지리는 복잡하고 어려운 과목으로 알려져 있습니다. 고등학교 학생들에게 물어봐도 고개를 절레절레 흔들 정도이니까요. 하지만 지리가 필요한지, 실생활에 쓸모가 있는지 물으면 대부분 그렇다고 합니다.

그렇다면 지리 내용 가운데 뭐가 그렇게 어려운 걸까요? 오랜 시간 가르쳐 본 경험에 따르면 그것은 기후와 지형 같은 자연 현상입니다. 무엇보다도 대부분의 용어가 한자식으로 표현되어 있습니다. 지형, 기복, 침식, 퇴적 같은 지형 용어들이 한자를 잘 모르는 초등학생들에게는 외국어처럼 들릴 수도 있습니다.

솔직히 말하면 지형의 변화와 결과가 진짜 맞는 것인지 아닌지조차 확실히 알기 어렵습니다. 벌써 수억 년에 걸쳐 변화해 오고 있기 때문입니다. 아무튼 기후에 견주어 상대적으로 매우 느리게 변화하는 지형을 공부하려면 과학 지식이 필요합니다. 특히 지형은 지구 과학이라는 어려운 과학 과목에 기초를 두고 있습니다. 그래서 학생들은 그 용어와 원리를 이해하는 데 꽤나 힘들어합니다.

이런 의미에서 용어를 공부한다는 것은 아주 중요합니다. 하지만 어린 학생들이 낯설고 어려운 용어를 공부하기란 쉬운 일이 아닙니다. 따라서 이렇게 어렵다

고 느끼는 용어를 '무엇으로 설명하면 쉽게 이해할 수 있을까?', '어떤 식으로 설명하면 쉽게 이해할까?' 고민해 봅니다. 아마도 모든 지리 교사의 고민이라고 생각합니다.

그래서 떠올린 것이 그림 사전입니다. 사람은 대부분 글보다는 그림을 쉽게 받아들이고, 그림이 글과 함께 담겨 있으면 이해하는 데 큰 도움이 된다고 합니다. 그래서 저는 수업할 때 그림이나 동영상 같은 시각 매체들을 많이 보여 줍니다.

지형은 어려운 것 같지만 사실 매일 우리와 만나는 공간입니다. 고개를 들어 주위를 둘러보면 산이 보이고, 차를 타고 나가 보면 곡식이 자라는 들이 보입니다. 또 바다를 향해 유유히 흐르는 강도 보입니다. 산, 강, 평야 이런 지형들은 도대체 언제 어떻게 만들어졌으며, 지금은 어떻게 변화하고 있을까요?

지형을 공부할 때는 자기가 경험하거나 본 것을 그림으로 떠올려 보면 학습 효과가 더 좋으리라 생각합니다. 이 책도 여러분이 벌써 알고 있거나 경험한 것을 잘 떠올리면서 읽어 주기 바랍니다.

2016년 2월 조지욱

차례

글쓴이의 말　　　4

1장 지형을 만드는 운동

맨틀에 의한 운동　　10
태양에 의한 운동　　12
풍화　　14

2장 산지 지형

구릉성 산　　16
돌산　　18
흙산　　19
고원　　20
산맥　　21
계곡과 능선　　22
고개　　23
폭포　　24
경동 지형　　25

3장 하천 지형

상류와 하류　　28
하천의 유로 변경　　30
유역　　32
평야　　33
분지　　34
습지　　35
감조 하천　　36

4장 해안 지형

해안선	38
반도	39
곶과 만	40
섬	41
해협	42
암석 해안	43
모래 해안	44
해안 사구	45
석호	46
갯벌(간석지)	47
해안 단구	48

6장 화산 지형

화산	56
오름	58
용암 동굴	59
주상 절리	60
용암 대지	62

7장 석회암 지형

석회 동굴	64
돌리네	65

5장 해저 지형

대륙붕	50
해산	51
해구	52
해령	53

8장 인공 지형

댐과 인공 호수	68
운하	69
간척지	70

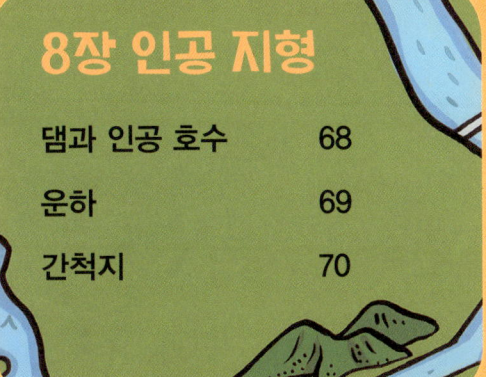

1장 지형을 만드는 운동

사람의 머리를 지구라고 생각해 볼까요? 머리 속에는 뇌가 있고, 뇌는 두개골에 둘러싸여 있어요. 그리고 두개골은 눈, 코, 입, 귀로 된 얼굴과 머리털로 싸여 있죠. 이와 비슷하게 지구 속에는 핵이 있고, 핵은 맨틀로 둘러싸여 있어요. 그리고 맨틀은 산, 평야, 강, 호수, 바다가 있는 지각이 둘러싸고 있어요.

지형은 지구의 겉에 있는 모든 땅을 일컫는 말이에요. 인간을 비롯한 모든 생물은 지형에서 살고 있어요.

그러면 먼저 지형을 만드는 자연의 운동을 알아볼까요?

맨틀에 의한 운동

맨틀은 지형의 어머니라고 할 수 있어요. 맨틀이 지형을 태어나게 했거든요. 지구는 반숙으로 삶은 달걀 같아요. 지구 한가운데에는 노른자를 닮은 핵이 있고, 핵은 흰자를 닮은 맨틀로 싸여 있으며, 맨틀은 껍질을 닮은 딱딱한 땅(지각)으로 싸여 있어요. 인간이 살고 있는 지형은 지구의 가장 바깥 표면이죠.

맨틀은 마그마처럼 뜨겁고, 칫솔에 짜 놓은 치약처럼 천천히 움직여요. 맨틀이 움직이니까 그 위에 놓인 땅도 따라서 움직여요. 마치 회전 벨트 위 초밥 접시처럼 말이에요. 대륙은 1년에 2센티미터 정도 움직여요. 하지만 그 힘은 티라노사우루스와도 비교할 수 없죠. 거대한 땅덩이를 휘게 하거나 끊어지게 할 정도니까요. 이 엄청난 힘으로 산도 만들고 넓은 평야도 만들죠. 맨틀 운동은 지형의 윤곽을 만들어요. 사람으로 치면 뼈대를 만드는 셈이에요. 그래서 맨틀은 지형의 어머니예요.

습곡 운동

시루떡을 양옆에서 손으로 밀면 어떻게 될까? 떡이 휘면서 떡의 가운데 부분이 볼록 올라온다. 땅덩이도 힘을 받으면 휘어진다. 이처럼 땅을 휘게 하는 운동을 '습곡 운동'이라고 한다.

단층 운동

휘어진 시루떡에 계속 힘을 더하면 뚝 끊어진다. 마찬가지로 땅덩이도 강한 힘을 받으면 휘어지다가 끊어진다. 이렇게 땅을 끊어지게 하는 운동을 '단층 운동'이라고 한다.

태양에 의한 운동

태양은 지구 표면을 데워서 바람이 불게 하고 비와 눈을 내려 주어요. 비와 눈은 강물이 되어 흐르고, 아주 추운 곳에서는 얼어서 얼음(빙하)이 되지요. 그리고 바람 덕분에 바다에는 끊임없이 파도가 쳐요. 비와 눈, 바람, 하천과 빙하는 3대 운동을 해요.

3대 운동이란 첫째, 땅을 깎거나 파는 운동, 둘째, 깎인 모래나 흙을 운반하는 운동, 셋째, 운반해 온 모래나 흙을 낮은 땅에 쌓는 운동이에요.

태양에 의한 3대 운동은 지형을 조각해요. 사람들이 성형 수술을 하는 것처럼 겉모습을 바꿔 주죠. 높은 산이 낮아지고, 계곡이 깊어지고, 파인 곳이 메워지는 것은 모두 태양에 의한 운동 때문이에요.

바람의 모래 쌓기
바람은 모래를 날려 보낸다. 날려 가던 모래는 바람이 약해지는 곳에서 블록처럼 차곡차곡 쌓여 언덕이 된다.

하천과 빙하에 의한 침식
하천은 흐르는 물의 힘으로 골짜기를 깎아 낸다.
하천이 얼어서 된 빙하는 물처럼 빠르지는 않지만,
아주 천천히 흐르면서 골짜기를 더 넓고 깊게 깎아 낸다.

풍화

암석은 깨져서 붕괴되기도 하고, 썩어서 분해되기도 해요. 암석이 썩는다니까 좀 이상하죠? 생물이 아니기 때문에 썩는다고 말하는 것이 틀릴 수도 있지만, 마치 썩는 것처럼 푸석푸석하게 분해돼요.

뜨거운 사막에서 암석이 갑자기 '빡' 하고 쪼개지는 것은 풍화예요. 어떤 바위가 푸석푸석해서 손으로 긁으면 떨어져 나가는 것도 풍화예요. 풍화라는 말은 바람이 어떻게 한다는 뜻인데, 이 말은 일본식 표현이에요. 실제로는 공기, 물, 햇빛, 바람 등이 암석을 붕괴시키거나 분해시키는 거예요.

2장 산지 지형

산은 하늘을 향해 삐쭉빼쭉 튀어나온 땅이에요. 밋밋한 땅이나
얕은 바닷가가 솟아서 산이 되기도 하고, 화산 폭발로 산이 생겨나기도 하죠.
우리나라의 대표 지형은 산이에요. 어떤 사람들은 산을 하느님이나
부처님처럼 믿기도 해요. 산은 겨울이면 찬 바람을 막아 주고,
전쟁 때는 외적을 막아 주었어요. 또 땔감과 열매, 집 짓는 나무도 주죠.
우리나라 사람들은 대부분 산 가까이에서 살다가 죽으면 산에 묻혔어요.
아낌없이 주는 어머니 같은 산이 어떤 모양을 하고 있는지 살펴볼까요?

구릉성 산

구릉성 산은 '언덕 같은 산'이에요. 비, 바람, 강, 빙하 따위에 깎여서 낮아진 거지요. 구릉성 산은 구릉지라고도 하며, 우리나라에서 가장 흔한 산이에요. 우리나라는 국토의 70퍼센트가 산인데, 그중 고도 500미터 이하가 40퍼센트, 500미터에서 1,000미터 사

이가 20퍼센트를 차지해요. 우리나라 산의 평균 고도는 482미터예요. 구릉성 산은 보통 고도 500미터 미만이며, 우리나라 서쪽 지방에 많아요. 구릉성 산은 홍수에도 안전하고 농사짓기 좋아서 산자락에 마을이 들어서죠.

돌산

돌산은 '바위산'이에요. 돌산의 돌은 주로 화강암이고, 거의 흙으로 덮여 있었죠. 그런데 시간이 흐르면서 돌산은 대머리처럼 흙이 벗겨지고 거대한 바위가 드러났어요. 멋진 금강산과 설악산이 바로 돌산이에요. 그 밖에 월악산, 북한산 같은 돌산도 멋져요. 하지만 돌산은 가파른 곳이 많으니 조심해서 올라야 해요.

흙산

흙산은 '흙으로 덮여 있는 산'인데, 흙에 나무가 자라서 숲으로 덮여 있죠. 우리나라 흙산의 흙은 그 산을 이루는 편마암이나 석회암 따위가 깨지거나 썩어서 흙이 된 것이 많아요. 우리나라에는 흙산이 흔해요. 국립 공원 1호인 지리산도 흙산이에요.

고원

고원은 '높은 곳이 완만한 지형'이에요. 세계의 지붕이라고 하는 티베트 고원이나 파미르 고원이 유명하죠. 우리나라에는 개마고원, 영서고원, 진안고원이 유명해요. 이 고원들은 원래 낮고 평탄했는데, 땅이 솟아오르면서 높은 고원이 됐어요.

우리나라 고원은 여름이 서늘해 최고의 피서지로 꼽히죠. 그리고 감자, 배추, 무, 옥수수, 밀 같은 작물을 재배하고, 너른 풀밭을 이용해 소와 양도 많이 키워요.

산맥

산맥은 '여러 개의 산이 연속되어 이어지는 지형'이에요. 산맥은 지구에 무슨 일이 있었는지 말해 주죠. 우리나라는 동해안을 따라 태백산맥이나 함경산맥처럼 높은 산맥이 있는데, 이는 동쪽이 높이 솟아올랐다는 증거예요. 산맥 지도를 보면 태백산맥·낭림산맥은 척추뼈를, 차령산맥·마식령산맥 등은 갈비뼈를 닮았어요.

한반도 산맥도
산맥도는 한반도에 어떤 지질 작용이 있었는지를 말해 주는 그림이다. 따라서 산맥과 실제 산줄기 모양은 조금 차이가 있다.

계곡과 능선

계곡(골짜기)과 능선(산줄기)은 이어져 있어요. 하천이나 빙하가 산에서 움푹 파인 곳으로 흐르면서 더 깊고 넓게 파면 계곡이 되죠. 능선은 계곡과 계곡 사이의 산등성이로, 산 아래로 뻗거나 봉우리와 봉우리를 잇고 있어요. 봉우리는 능선의 높은 부분을 가리켜요.

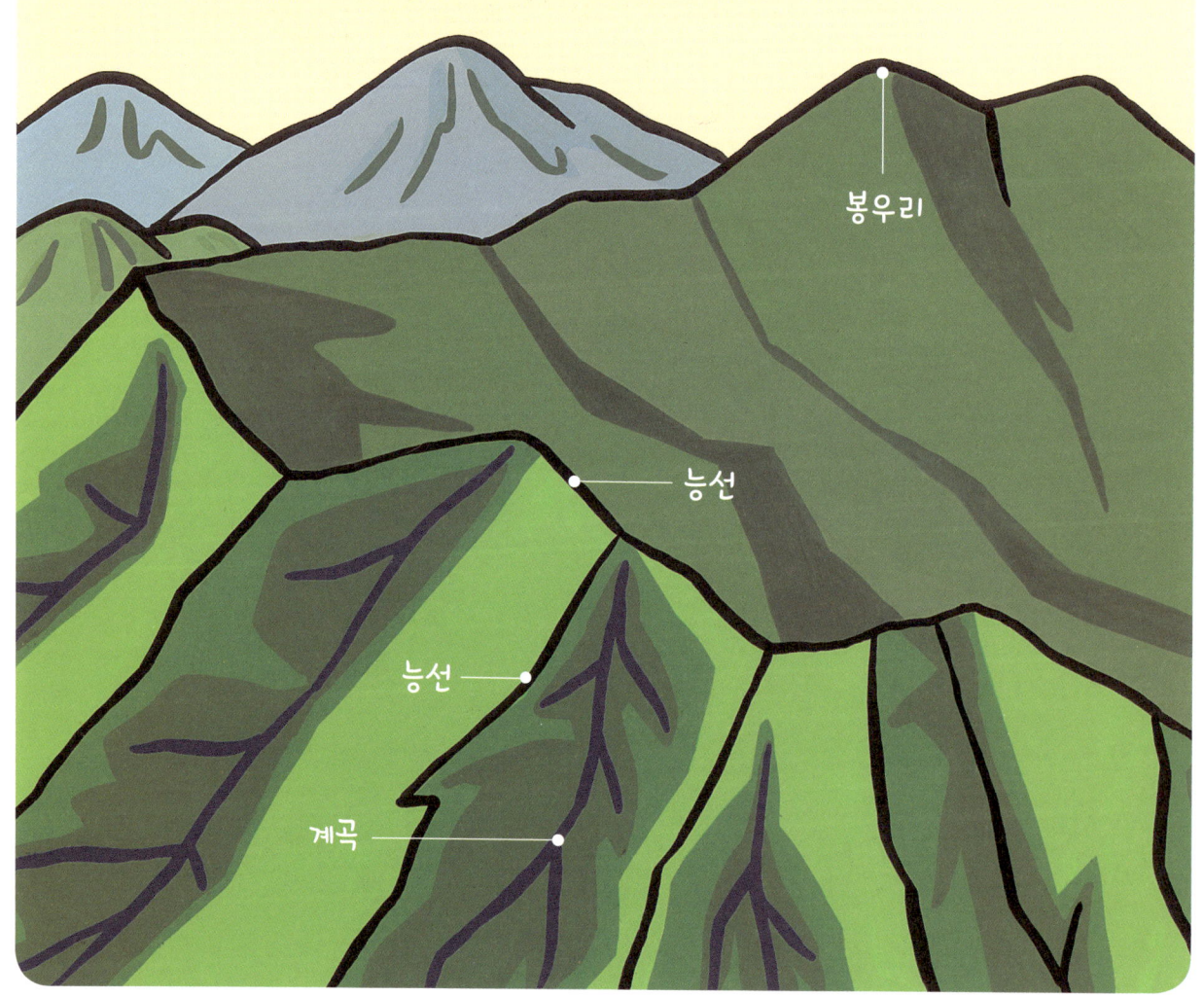

고개

고개는 산을 넘는 길이에요. 봉우리와 봉우리를 잇는 능선에서 낮은 곳이죠. 높은 산에서는 고개가 나오면 반가워요. 산을 오를 때는 능선이나 계곡으로 오르지만, 넘을 때는 고개로 넘거든요.

   고개 이름에는 령, 고개, 재 등을 붙여서 대관령, 한계령, 하우고개, 여우고개, 박달재, 문경새재 등으로 불러요. 높은 산은 사람이 이동하는 데 장애가 되지만, 그래도 고개가 있어서 다행이에요.

폭포

폭포는 가장 빠르고 짧게 흐르는 물이에요. 흐른다기보다 떨어진다는 말이 더 적절하죠. 어떤 폭포는 땅이 갈라지면서 생긴 절벽으로 떨어지고, 어떤 폭포는 계곡에 단단한 부분이 남아서 생긴 절벽으로 떨어져요.

  폭포는 멋진 관광지이기도 하고 수력 발전에도 쓰여요. 우리나라에는 금강산 구룡폭포, 제주 천제연폭포를 비롯해 아주 많은 폭포가 있어요.

경동 지형

경동 지형은 삐딱쟁이예요. 삐딱하다는 것은 기울어졌다는 뜻이죠. 미끄럼틀처럼 한쪽은 높고 다른 한쪽은 낮아요. 중국은 서쪽이 높고 동쪽이 낮은 경동 지형, 러시아는 남쪽이 높고 북쪽이 낮은 경동 지형이에요. 우리나라 중부 지방도 동쪽으로는 태백산맥이 높게 자리 잡고 서쪽으로는 김포평야와 평택평야가 낮게 펼쳐진 경동 지형이에요. 그래서 큰 강은 대부분 동쪽에서 시작해 서쪽으로 미끄러져 흘러요!

3장 하천 지형

하천은 청계천이나 한강처럼 '천'과 '강'을 합친 말이에요.
하천은 대개 산지에서 시작해 낮은 곳으로 흐르다가 평야를 거쳐
바다나 호수로 들어가요. 하천은 곧게 흐르기도 하지만 보통은
바닥을 파거나 옆을 깎으며 뱀처럼 구불구불 흘러요.
선사 시대에 인간의 정착 생활이 가능했던 것은 기름진 평야와 농사에
쓸 수 있는 하천 덕분이었죠. 떠돌이 인간들에게 안정과 풍요를 안겨 준
하천이 어떤 모양을 하고 있는지 볼까요?

상류와 하류

상류는 하나의 하천에서 높은 쪽이에요. 상류는 계곡을 이루거나 산 사이를 감돌며 흐르는 곳이죠. 우리나라 큰 하천의 상류는 주로 높은 산이 많은 북쪽 지방과 동쪽 지방에 있어요. 큰 하천의 상류는 여러 개이며, 지류라고 불러요. 상류는 경사가 급해서 래프팅 장소로 이용되기도 해요.

하류는 하나의 하천에서 낮은 쪽이에요. 하류는 보통 평야에 흐르며, 강이 물길을 쉽게 바꿔요. 서쪽 지방의 김포평야에는 한강의 하류가, 나주평야에는 영산강의 하류가 흘러요. 큰 하천에서 하류는 여러 하천이 모이는 본류이며, 상류보다 강폭이 넓고 물의 양도 많아요. 하류에는 평야와 물이 풍부해서 도시가 발달했어요.

평야(범람원)
하천은 홍수가 나면 물이 넘치면서 싣고 온 모래와 흙을 주변에 쌓아요. 그래서 하천의 하류 주변에는 넓고 평탄한 땅이 만들어져요. 이런 곳을 '범람원'이라고 하지요.

평야

하천의 유로 변경

유로는 '하천의 물길'이에요. 본래 물길은 직선으로 흐르고 싶지만 지표면이 울퉁불퉁하기 때문에 구불구불 휘어지기 마련이에요. 하천이 직선으로 흐르면 '직류 하천', 휘어져 흐르면 '곡류 하천'이라고 해요. '유로 변경'이란 하천이 물길을 바꾸는 거예요. 물이 낮은 곳으로 흐르다 강한 암석을 만나면 부딪치며 돌아가고, 약한 흙더미를 만나면 여러 번 부딪쳐 깎은 뒤 뚫고 가죠. 유로가 변경되는 과정에서는 우각호 같은 호수나 구하도 같은 옛날 물길도 생겨요.

유역

하나의 하천에는 여러 곳에서 물줄기가 모여요. 유역은 모든 물줄기가 모이는 구역이에요. 작은 하천의 유역은 좁지만, 큰 하천의 유역은 매우 넓어요. 아마존 강이나 나일 강의 유역은 우리나라보다도 훨씬 넓어요. 우리나라 한강의 유역도 전체 인구의 절반 이상이 그 영향을 받을 만큼 넓어요.

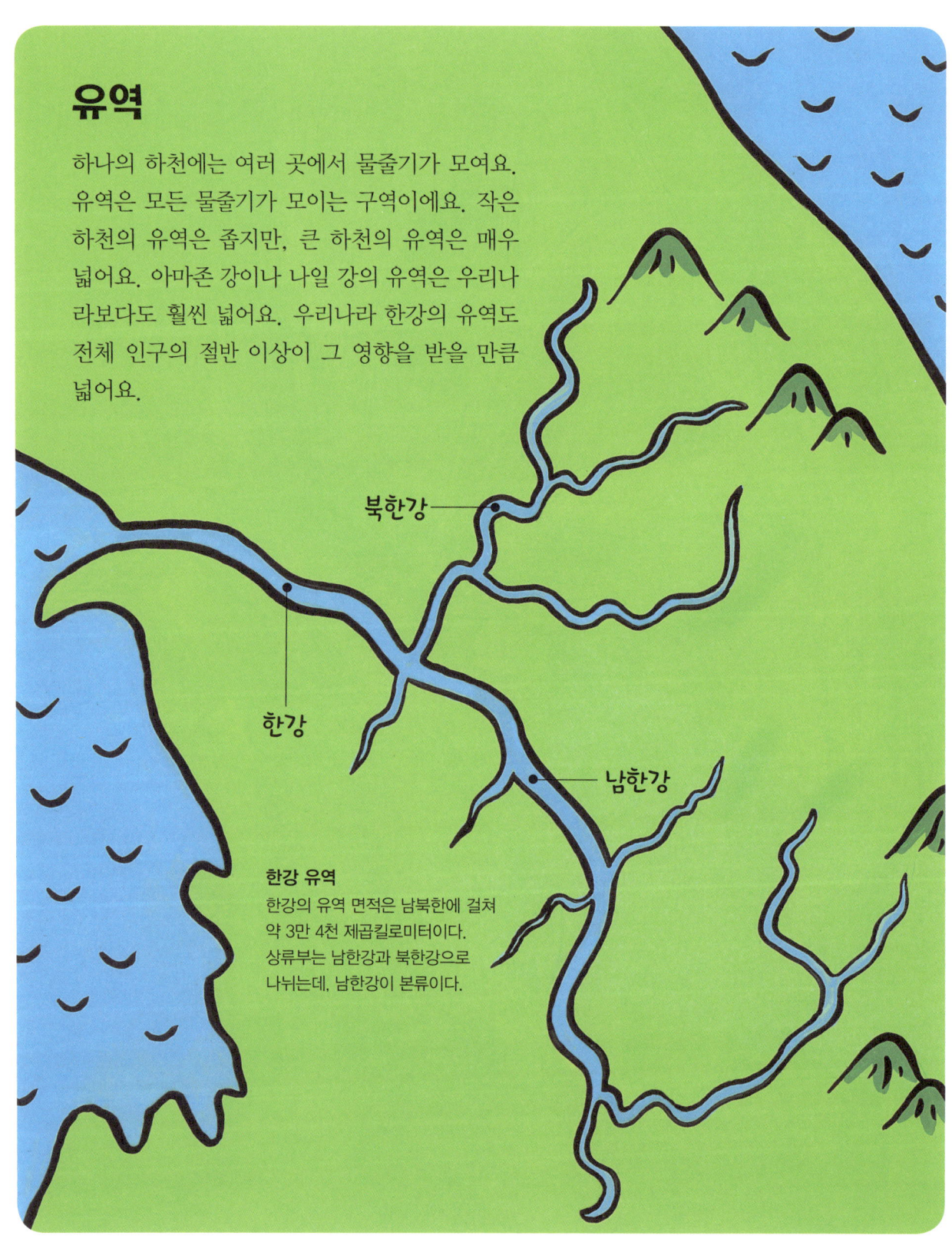

한강 유역
한강의 유역 면적은 남북한에 걸쳐 약 3만 4천 제곱킬로미터이다. 상류부는 남한강과 북한강으로 나뉘는데, 남한강이 본류이다.

평야

평야는 평평한 땅이에요. 평야는 산이나 언덕이 깎여서 만들어지거나, 하천이 넘쳐서 모래와 흙을 낮은 곳에 쌓아 만들어지기도 해요. 하천이 넘쳐 만들어진 평야를 범람원이라고 해요. 또 갯벌을 메워서 평야가 되기도 하죠. 우리나라에는 깎여서 낮아진 평야와 범람원이 많아요.

우리나라 최대의 평야
우리나라에서 가장 넓은 평야는 전라북도 서쪽에 있는 호남평야로 동서 폭 약 50킬로미터, 남북 길이 약 80킬로미터이다.

분지

분지는 산이 둘러싼 지형으로, 그릇을 닮았어요. 어떤 분지는 말발굽을 닮기도 했어요. 분지 안의 평탄한 곳은 주로 하천에 의해 깎여서 낮아진 거예요. 분지 안에는 지금도 하천이 흘러요. 분지를 둘러싼 산은 방어에 좋고, 안쪽 들은 농사에 유리하죠.

양구 해안 분지
강원도 양구에 있는 침식 분지로, 거대한 화채 그릇을 닮았다고 해서 '펀치볼'이라는 이름으로도 유명하다. 타원형 모양의 분지를 1,000미터 이상의 높은 산들이 감싸고 있다.

습지

습지는 지구 표면의 6퍼센트를 차지해요. 습지는 쓸모없는 땅으로 생각했어요. 그러나 습지는 생물의 안식처이자 우리 몸의 콩팥처럼 오염 물질을 걸러 내는 역할을 해요. 습지는 홍수 때 물을 저장하고 물의 흐름을 늦추어서 흐름양을 조절하는 녹색 댐이기도 해요.

우포늪
경남 창녕군에 있는 우리나라 최대의 자연 늪으로 둘레가 7.5킬로미터이다. 430여 종의 식물이 살며 1998년에 국제 보호 습지로 지정되었다.

감조 하천

감조 하천은 거꾸로 흐르는 하천이에요. 우리나라 서해안과 남해안의 하구(강과 바다가 만나는 곳)는 밀물 때 바닷물이 높아지면 강이 거꾸로 흘러요. 바닷물이 거꾸로 흘러들면 짠물이 농지로 넘쳐 농사를 망치고, 소금기 때문에 다리 기둥이 녹슬었어요. 특히 금강, 영산강, 낙동강에서는 농업 피해가 커서 하굿둑을 쌓아 바닷물을 막았어요.

영산강 하굿둑
길이 4,350미터, 최대 높이 20미터이다.
흙과 돌로 쌓은 방조제로 1981년에 완공되었다.
국내 최대의 이 하굿둑 위에는
6차선 도로가 목포시와 영암군을
이어 주고 있다.

4장 해안 지형

해안은 바다와 육지가 만나는 곳이에요.
그곳을 따라 선을 그으면 해안선이 돼요. 우리나라는 3면이 바다여서
해안선이 길어요. 서해안과 남해안은 해안선이 복잡하고,
동해안은 해안선이 단순해요.
1만 8천 년 전 빙하기가 끝난 뒤 바닷물이 높아지기 시작해서
현재 해안선의 모습이 된 것은 6천 년 전으로 짐작해요.
해안에는 반도, 만, 해변, 해식 동굴, 갯벌 같은 다양한 지형이 있어요.

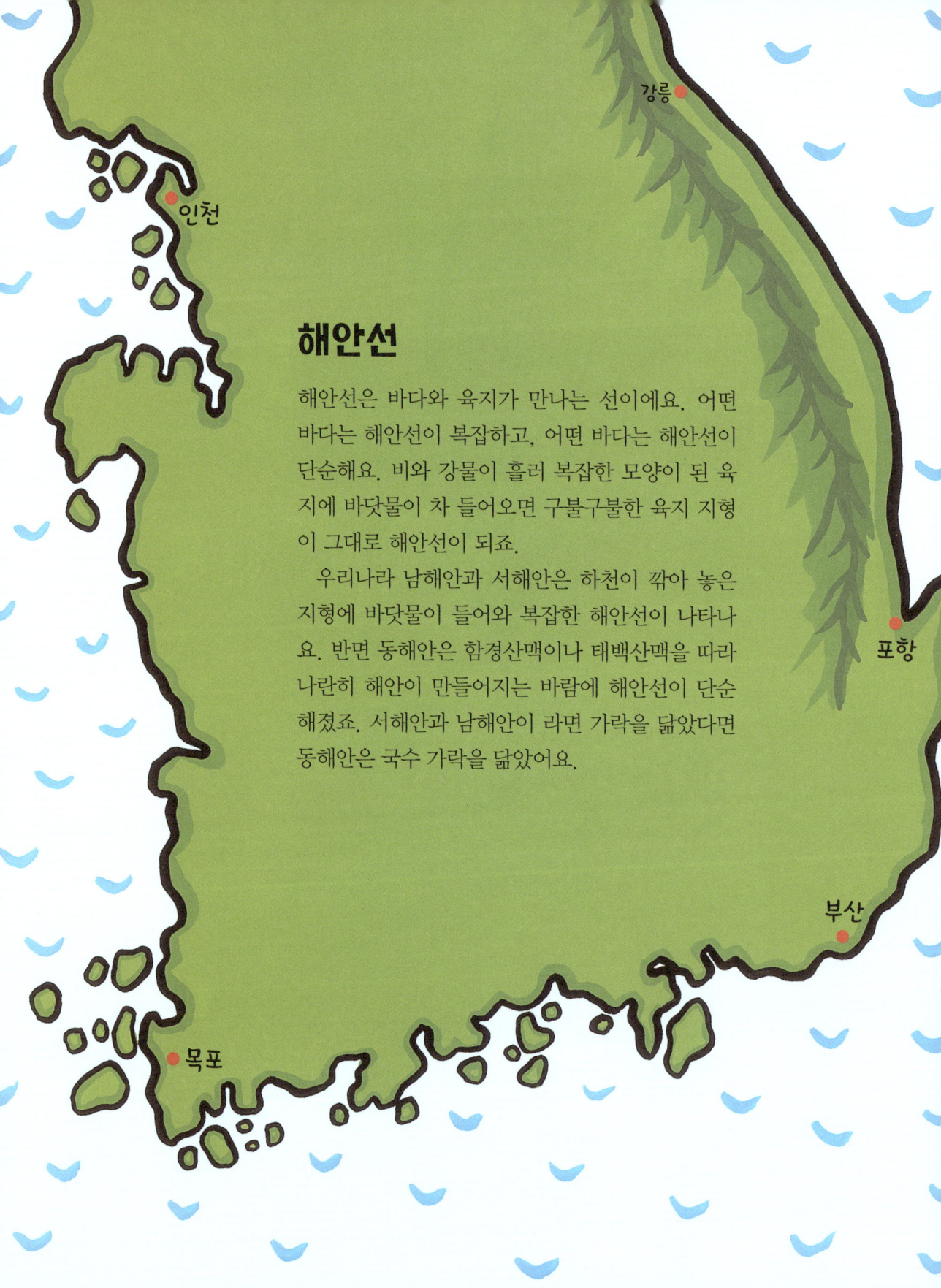

해안선

해안선은 바다와 육지가 만나는 선이에요. 어떤 바다는 해안선이 복잡하고, 어떤 바다는 해안선이 단순해요. 비와 강물이 흘러 복잡한 모양이 된 육지에 바닷물이 차 들어오면 구불구불한 육지 지형이 그대로 해안선이 되죠.

우리나라 남해안과 서해안은 하천이 깎아 놓은 지형에 바닷물이 들어와 복잡한 해안선이 나타나요. 반면 동해안은 함경산맥이나 태백산맥을 따라 나란히 해안이 만들어지는 바람에 해안선이 단순해졌죠. 서해안과 남해안이 라면 가락을 닮았다면 동해안은 국수 가락을 닮았어요.

반도

반도는 '반만 섬'처럼 생긴 땅으로, 바다를 향해 튀어나와 있어요. 반도는 육지에서 바다로 나가고 바다에서 육지로 들어오기 좋아요. 우리나라는 태평양을 향해 튀어나온 한반도예요. 우리나라가 중국과 일본의 침입을 자주 받은 이유는 중국과 일본 사이의 반도에 위치해 있기 때문이에요. 그러나 오늘날에는 반도라는 위치가 무역에 유리해요.

곶과 만

곶은 반도처럼 바다를 향해 튀어나온 땅이에요. 하지만 곶은 반도보다 작고, 조금 뾰족하게 튀어나온 모양새를 하고 있어요. 우리나라에는 갑곶, 월곶, 호미곶 등 곶이 많아요.
만은 육지 쪽으로 들어간 땅이에요. 들쭉날쭉한 바닷가에서 곶과 만은 가까이 있어요. 손가락을 쫙 펴서 물에 반쯤 담가 보세요. 튀어나온 손가락이 곶, 손가락 사이 움푹 들어간 곳이 만이에요. 만은 물살이 잔잔해서 항구가 들어서기 좋고, 항구가 들어서니 어촌이 발달해요.

호미곶과 영일만
생긴 모습이 말갈기 같아서 장기곶이라고 했다. 그러다가 2001년 '호랑이 꼬리'라는 뜻의 호미곶으로 바꿨다. 우리나라는 앞발을 들고 있는 호랑이를 닮았다.

섬

섬은 바다로 둘러싸인 땅이에요. 우리나라에는 3,400여 개의 섬이 있는데, 대부분 바닷물이 높아져서 생겼어요. 섬은 외롭지만, 그래서 오래된 전통이 잘 남아 있어요.

세계적인 관광지 제주도, 고려 시대에 임시 수도였던 강화도도 모두 섬이에요. 우리나라에서 섬이 가장 많은 곳은 전라남도 다도해 지역이에요. 다도해는 '섬이 많은 바다'라는 뜻이에요.

해협

해협은 좁은 바다예요. 해협은 기린 목처럼 좁고 길며, 육지와 육지 사이에 있어요. 해협은 물살이 빨라서 위험하지만, 육지와 육지를 이어 주는 지름길이 되기도 하죠.

울돌목(명량 해협)
울돌목은 전라남도 해남과 진도 사이에 있는 좁은 바다이다. 가장 좁은 곳은 폭이 294미터이며, 밀물 때 바닷물이 좁은 해협을 지나가느라 물 흐르는 속도가 무척 빨라진다. 옆에 서면 쉭쉭 하는 소리가 들릴 정도이다.

암석 해안

암석 해안은 바위가 드러난 해안이에요. 암석 해안은 파도가 때려서 바위를 덮고 있던 흙을 제거했어요. 암석 해안은 곶처럼 튀어나온 해안에 주로 발달하는데, 이는 그곳이 파도에 강하게 부딪치기 때문이죠.

　암석 해안에는 계속 파도에 깎여서 조각된 예술품이 생겨요. 파도가 깎은 아름다운 절벽과 기둥, 파도가 파 놓은 동굴 등 자연의 아름다운 예술품을 구경할 수 있어요.

모래 해안

모래 해안은 모래로 된 바닷가예요. 이곳의 모래는 대부분 육지에서 생겨났는데, 하천을 타고 바닷가로 왔어요. 또 어떤 모래는 암석 해안의 바위가 깨져 나온 거예요. 그리고 바닷가를 따라 흐르는 바닷물과 파도가 모래를 바닷가로 운반해서 쌓아요. 우리가 좋아하는 해수욕장은 대부분 모래 해안이에요.

해안 사구

해안 사구는 모래 해안 뒤쪽에 있는 모래 언덕이에요. 해안 사구의 모래는 모래 해안에서 바람을 타고 날아온 거예요. 해변의 모래가 집이나 농토로 들어가는 것을 막기 위해 사구에 나무를 심기도 해요. 그래서 해수욕장의 텐트촌은 소나무 숲이 있는 해안 사구에 마련하는 경우가 많아요.

지하수를 간직하고 있는 사구는 물새들의 산란장이며, 폭풍이나 해일이 닥칠 때 해안선의 형태를 지켜 주죠. 해안 사구는 동해안에 많은데, 가장 큰 해안 사구는 서해안의 충청남도 태안에 있는 신두리 해안 사구예요.

신두리 해안 사구
우리나라에서 가장 크고 가장 오래된 사구이다. 1만 5천 년 동안 강한 겨울바람이 쌓아 만들어졌다. 천연기념물 제431호이다.

석호

석호는 바닷가에 있는 호수인데, 원래는 바닷물이 들어와 있는 만이었어요. 하늘에서 내려다보면 만은 후크 선장의 갈고리(↳)를 닮았어요. 갈고리 모양의 터진 쪽이 만의 입구예요. 시간이 흐르면서 모래가 바닷물에 쓸려 와 만의 입구에 모래톱을 쌓아요. 그러면 만 입구가 막혀서 호수가 돼요.

현재 동해안에는 영랑호와 청초호를 비롯해 18개의 석호가 있어요. 석호의 물은 바닷물이 섞여서 마실 수는 없어요. 하지만 가시고기·붕어 같은 물고기와 큰고니·왜가리·청둥오리 같은 철새가 살아요.

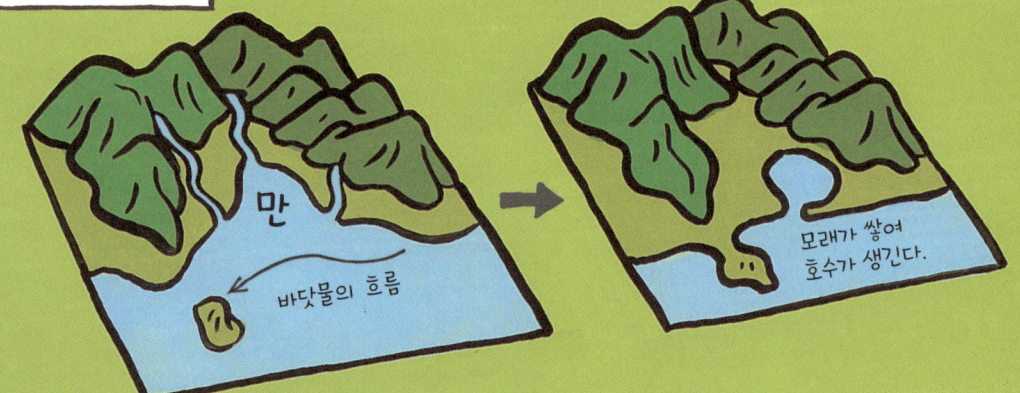

석호가 만들어지는 과정

만 ← 바닷물의 흐름 → 모래가 쌓여 호수가 생긴다.

갯벌(간석지)

갯벌은 밀물 때는 바다에 잠기고, 썰물 때는 육지로 드러나죠. 갯벌은 밀물과 썰물의 차이(조차)가 큰 해안에 주로 발달해요. 강에서 온 진흙이나 모래를 밀물과 썰물이 차곡차곡 쌓은 거예요. 갯벌은 질퍽질퍽한 곳도 있지만 모래와 자갈이 깔린 단단한 곳도 있어요. 조차가 큰 서해안은 세계 5대 갯벌 중 하나예요. 반면 동해안은 조차가 30센티미터 정도밖에 안 되어 갯벌이 발달하지 못했어요. 전라도의 벌교 갯벌과 무안 갯벌, 충청도의 서천 갯벌 등 우리나라는 갯벌 천국이에요.

해안 단구

해안 단구는 해안선을 따라 나타나는 계단 모양의 땅이에요. 옛날에는 평평했던 바닷가가 지금은 높아져서 큰 계단이 되었어요. 우리나라 해안 단구는 동해안에 많은데, 이는 동쪽이 솟아오른 적이 있기 때문이에요. 태백산맥이 솟아오를 때 동해의 낮은 곳이 높아진 거죠.

5장 해저 지형

바닷속 해저에도 산, 산맥, 골짜기, 평야가 있어요. 잠수함을 타고 가면 육지보다 더 넓은 평원, 더 깊은 골짜기, 더 많은 생물을 만날 수 있죠. 바닷속은 비나 눈, 바람, 하천이 없어서 육지보다 땅 모양이 단순한 편이에요. 해저에는 육지보다 더 많은 자원이 있기 때문에 사람들의 관심이 갈수록 커지고 있어요.

대륙붕

대륙붕은 대륙 주변에 있는 수심 200미터 미만의 얕은 바다예요. 육지는 바다에 이르러 끝난 듯 보이지만, 실제로는 바닷속까지 어느 정도 이어지죠. 그러니 대륙붕은 바닷속에 있어도 육지의 연속이에요. 대륙붕에는 자원이 풍부해요. 물고기, 해삼, 멍게 같은 수산 자원뿐 아니라 천연가스와 석탄 같은 자원도 있어요.

빙하기가 와서 바닷물의 높이가 낮아지면 대륙붕의 일부는 육지로 드러날 거예요. 우리나라 서해와 남해도 빙하기에는 거의 육지였는데, 빙하기가 끝나고 바닷물의 높이가 높아져서 지금은 대부분 대륙붕이에요.

해산

해산은 바닷속에 있는 산이에요. 해산의 높이는 바다 밑바닥에서 보통 1,000미터 이상이며, 주로 화산 폭발로 만들어진 산이에요. 동해 바닷속에는 바다 위로 머리를 내밀지 않은 해산이 많아요. 울릉도와 독도는 바다 위로 나온 섬(화산섬)이에요.

해구

해구는 바닷속에 움푹 파인 골짜기예요. 마치 몇천 킬로미터짜리 도끼날로 찍은 듯 깊이 파였어요. 잠수함을 타고 들어가서 보면 거의 절벽처럼 급경사로 꺼져 있어요. 바다 밑바닥보다 약 3,000~4,000미터 깊고, 폭은 20~60킬로미터, 길이는 몇천 킬로미터에 이르죠. 미끄럼틀이라면 위험해서 탈 수 없을 정도예요.

해구

지구에서 가장 깊은 곳

태평양 서쪽에 있는 마리아나 해구는 수심이 1만 1,022미터로, 세계에서 가장 높은 산 에베레스트 산(8,848미터)보다 더 깊다. 그리고 이 해구의 폭은 약 70킬로미터에 길이가 2,550킬로미터나 된다.

해령

해령

해령은 바다의 산맥이에요. 바다에는 폭이 좁고 긴 산맥처럼 생긴 해령이 있어요. 해령의 높이는 해저 바닥에서 보통 2,000~3,000미터나 되죠. 그런데 육지 산맥의 정상부는 산봉우리로 되어 있지만, 해령 정상부에는 깊이 1,000미터나 되는 V자 모양의 깊은 골짜기가 있어요. 그 골짜기에서 마그마가 솟고 있어요.

6장 화산 지형

인간이 살기 전에도 지구 곳곳에서는 화산이 폭발했어요.
지금도 연기를 피워 가며 당장 폭발할 듯한 화산도 있고,
죽은 듯 멈춘 화산도 있어요.
화산은 무서운 존재이지만, 지형이 아름답고 토양이 비옥해서
우리나라뿐 아니라 세계적으로 많은 사람들이 화산 근처에 살고 있어요.
화산이 만든 땅은 어떤 모양을 하고 있는지 알아볼까요?

화산

화산은 '불을 뿜는 산' 또는 '불을 품고 있는 산'이에요. 화산은 지표면을 뚫고 솟아 나온 용암이 쌓여 만들어졌어요. 땅속 마그마가 화산 폭발로 터져 나오면 용암이라고 해요. 어떤 용암은 묽은 죽처럼 빨리 흐르고, 어떤 용암은 끈적끈적한 된죽처럼 더디게 흐르죠. 묽은 죽 같은 용암은 넓게 흘러서 제주도 한라산처럼 넓은 화산을 만들고, 된죽 같은 용암은 잘 흐르지 않고 쌓여서 울릉도처럼 좁고 높은 화산을 만들어요.

화산 폭발
땅속 마그마가 열과 압력을 이기지 못해 땅 위로 터져 나오는 것이 화산 폭발이다. 마치 콜라를 흔든 다음 마개를 따면 펑 하고 터지는 것과 같다.

백두산
백두산은 고도가 2,744미터인 높은 산이다. 백두산 중턱 아래는 한라산처럼 경사가 완만하고, 중턱 위로는 울릉도처럼 경사가 급하다. 백두산은 지금도 분화 준비를 하고 있다. 꼭대기에 있는 호수인 천지는 화구가 푹 꺼져서 생긴 지형으로, '칼데라 호'라고 한다.

한라산

한라산은 꼭대기 일부만 빼고는 잘 흐르는 묽은 죽 용암으로 만들어졌다. 묽은 용암은 계속 흘러서 넓고 경사가 완만한 산을 만들었다. 한라산은 옆에서 보면 마치 방패를 엎어 놓은 듯하다. 그래서 낮아 보이지만, 고도가 1,950미터인 높은 화산이다.

울릉도

울릉도는 주로 잘 흐르지 않는 된죽 용암으로 만들어졌다. 울릉도는 오각형 모양이며, 섬 전체가 거의 급경사이다. 울릉도는 바다 위로는 약 900미터, 바다 밑으로는 2,000미터나 뻗어 있다. 바닷물을 빼면 약 3,000미터 높이의 화산이다.

오름

오름은 '작은 화산'이라는 뜻의 제주 사투리예요. 제주에서는 '악'이라고도 해요. 제주도의 한라산 자락과 평지에는 술잔이나 밥그릇을 엎어 놓은 것처럼 생긴 오름이 많아요. 마치 얼굴에 여드름 꽃이 만발한 거 같아요. 오름은 아주 오래전 제주도 땅의 갈라진 틈을 따라 여기저기서 작은 화산이 폭발해 생겨났어요.

제주도는 거문오름, 다랑쉬오름, 생기악 등 360여 개의 오름 왕국이에요. 오름은 제사 장소, 샘, 통신 시설 설치 등 다양한 목적으로 이용됐어요.

만장굴

세계에서 가장 긴 용암 동굴로, 거문오름에서 나온 용암이 흐를 때 만들어졌다. 만장굴의 길이는 약 7.4킬로미터, 높이는 평균 6미터, 폭은 4~5미터 이다. 굴 안쪽 벽에는 용암이 흐른 자국이 그대로 남아 있다.

용암 동굴

용암 동굴은 용암이 만든 동굴이에요. 묽은 죽 같은 용암이 흐를 때 겉이 먼저 식어서 굳어요. 이때 용암 속은 여전히 뜨겁고 잘 흐르죠. 속에 있는 뜨거운 용암은 흘러 나가기 때문에 터널이 생기는데, 이게 용암 동굴이에요.

우리나라 용암 동굴은 거의 제주도에 있어요. 용암 동굴에 들어가면 어두컴컴하고 좀 무섭죠. 그렇지만 먼 옛날 용암이 흐른 곳에 내가 서 있다고 생각해 보면 신비하기도 해요.

용암 동굴이 생기는 과정

용암이 흘러간다. → 겉 부분이 식어서 굳는다. → 속에 있는 용암이 빠져나가 동굴이 형성된다.

주상 절리

주상 절리는 기둥 모양의 갈라진 틈이에요. 용암이 식을 때 수분이 빠져나가면서 갈라지죠. 마치 가뭄에 논바닥이 갈라지는 것처럼요. 그런데 용암은 논바닥처럼 아무렇게나 갈라지지 않아요. 하늘에서 보면 오각형이나 육각형 기둥 모양이고, 옆에서 보면 여러 갈래의 국수 가락 같아요.

    제주도, 울릉도, 철원 같은 화산 지역에는 주상 절리가 많아요. 그중에서도 제주도의 지삿개가 유명해요. 제주도 땅에는 이렇게 갈라진 틈이 많기 때문에 비가 오면 물이 고여 있지 못하고 땅속으로 스며들어요. 그래서 벼농사를 짓기가 어렵죠.

지삿개 주상 절리
제주특별자치도 서귀포시 대포동 해안에 발달한 주상 절리이다. 옛날 이곳 이름이 '지삿개'여서 '지삿개 바위'라고도 한다.

용암 대지

대지는 케이크처럼 가장자리가 급하게 경사지고 가운데는 평탄한 땅이에요. 용암 대지는 묽은 죽 같은 용암이 강의 물길을 메우고 산과 산 사이를 메워서 만든 높고 평평한 땅이에요. 우리나라의 대표적인 용암 대지는 철원, 제주도, 그리고 북한의 개마고원에 있어요.

철원평야
철원 용암 대지의 평탄한 부분이 철원평야이다. 우리나라 5대 평야 중 하나이며, 서울보다 좀 더 넓다. '철원 오대쌀'이 유명하다.

한탄강
강이 용암 대지 위를 흐르면서 침식 작용을 일으켜 곳곳에 수직 절벽과 좁고 깊은 골짜기를 이루었다.

7장 석회암 지형

석회암은 육지의 15퍼센트나 되기 때문에 지구에서 흔히 볼 수 있는 암석이에요. 바다에서 조개껍질, 물고기 뼈, 산호 따위가 흙과 함께 쌓여서 만들어졌죠. 석회암은 물을 만나면 아주 조금씩 녹아요. 그렇게 해서 오랜 시간이 지나면 석회 동굴이나 돌리네 같은 지형을 만들어요. 석회암 지형은 따뜻하고 비가 많은 기후 지역에 더욱 잘 발달해 있어요. 우리나라에서는 평안도와 강원도, 충청도에 가면 석회암 지형을 볼 수 있어요. 화려한 모습을 간직한 석회암 지형을 살펴볼까요?

석회 동굴

석회 동굴은 석회암이 파여서 생긴 동굴이에요. 쥐의 천적은 고양이이고 석회암의 천적은 물이에요. 지하수가 오랜 시간 동안 석회암 사이를 흐르면 그 주변을 녹이면서 동굴을 파죠.

동굴 속에는 석회암이 녹으면서 만들어 낸 신비한 지형들이 있어요. 동굴 속은 어두워서 아무것도 살지 않을 것 같지만, 박쥐·흰새우·흰지네 등 여러 생물이 살아요.

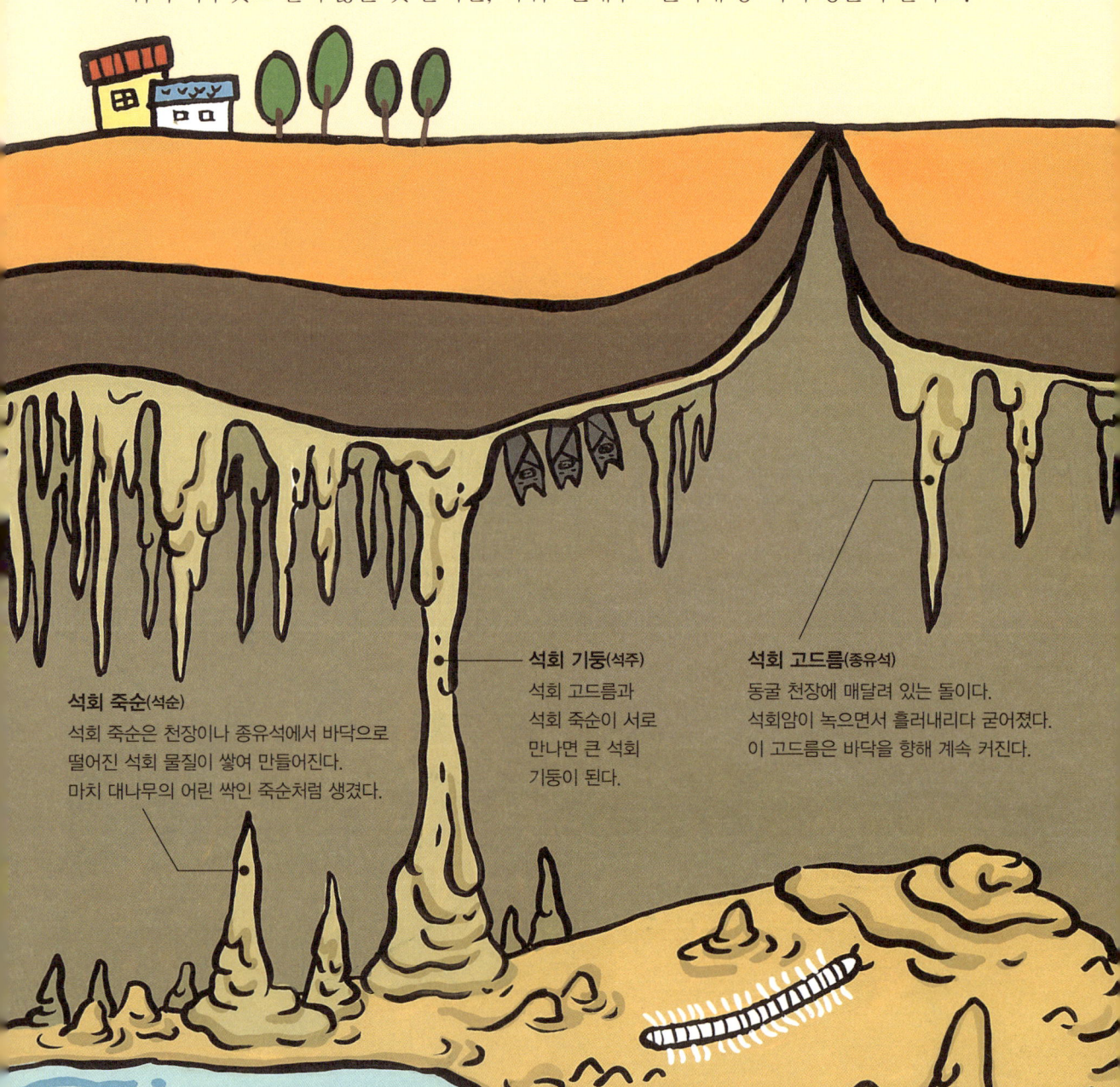

석회 죽순(석순)
석회 죽순은 천장이나 종유석에서 바닥으로 떨어진 석회 물질이 쌓여 만들어진다. 마치 대나무의 어린 싹인 죽순처럼 생겼다.

석회 기둥(석주)
석회 고드름과 석회 죽순이 서로 만나면 큰 석회 기둥이 된다.

석회 고드름(종유석)
동굴 천장에 매달려 있는 돌이다. 석회암이 녹으면서 흘러내리다 굳어졌다. 이 고드름은 바닥을 향해 계속 커진다.

돌리네

돌리네는 '물을 뺀 넓은 연못'을 닮았어요. 하늘에서 돌리네를 내려다보면 오이, 네모난 떡, 눈사람 등 다양한 모양을 하고 있어요. 돌리네는 석회 동굴의 천장이 무너져서 생기거나, 비나 하천의 흐름으로 낮은 곳이 파여서 생기죠.

돌리네 바닥은 대부분 붉은색 토양으로 덮여 있어요. 붉은색 토양은 영양분이 풍부하기 때문에 농사짓기에 좋아요. 돌리네는 충청도에서는 '못밭', 강원도에서는 '움밭'이라고 해요. 돌리네는 물이 지하로 잘 빠지기 때문에 물을 가두어야 하는 논농사에는 불리해요.

8장 인공 지형

옛날부터 인간은 자연에 맞춰 살았어요. 그런데 오늘날 인간은 자연을
바꾸고, 새로운 지형을 만들고 있어요. 인간에게 더욱 편리하고
이익이 되게 하려는 거지요. 간척지, 인공 호수, 운하 등은
그렇게 해서 생겨난 인공 지형이에요.
그런데 사람들은 잘 모르나 봐요. 인공 지형이 자연을 파괴하는 일이
많다는 사실을, 그리고 미래에는 그것이 인간에게도 오히려 불편하고
불이익을 줄 거라는 사실을요. 인간은 대단하다고 우쭐대지만
자연은 아파하는 인공 지형에 대해 알아볼까요?

댐과 인공 호수

호수는 저수지처럼 물이 괴어 있는 곳이에요. 사람들이 강에 큰 댐이나 둑을 쌓으면 인공 호수가 생겨나요. 댐은 주로 하천 상류에서 골짜기나 산과 산 사이를 막은 인공 시설이에요. 특히 다목적 댐은 여러 가지 목적을 위해 만든 대규모 댐이에요. 전기를 얻고, 농업이나 공업에 쓸 물을 얻고, 홍수와 가뭄을 대비해 물의 양을 조절하죠.

운하

인간이 강을 더 깊이 파거나 생땅을 파서 만든 물길이 운하예요. 운하도 인간의 편리함과 이익을 위해 만들어요. 본래 인간은 자연의 강을 물길로 이용했는데, 더 빨리, 더 싸게 가려고 운하를 만들었어요. 운하는 강과 강, 강과 바다, 바다와 바다를 연결하기 위해 만들어요.

경인 아라뱃길
한강과 서해가 만나는 곳은 물살이 세서 배가 다니기 위험했다. 800년 전, 한강에서 안전한 서해로 이어지는 물길을 팠지만 기술 부족 때문에 실패했다. 2011년 그 물길을 마저 판 것이 경인 아라뱃길이다. 한강 하류의 행주대교에서 서해로 이어지는 길이 18킬로미터, 수심 6.3미터의 물길이다.

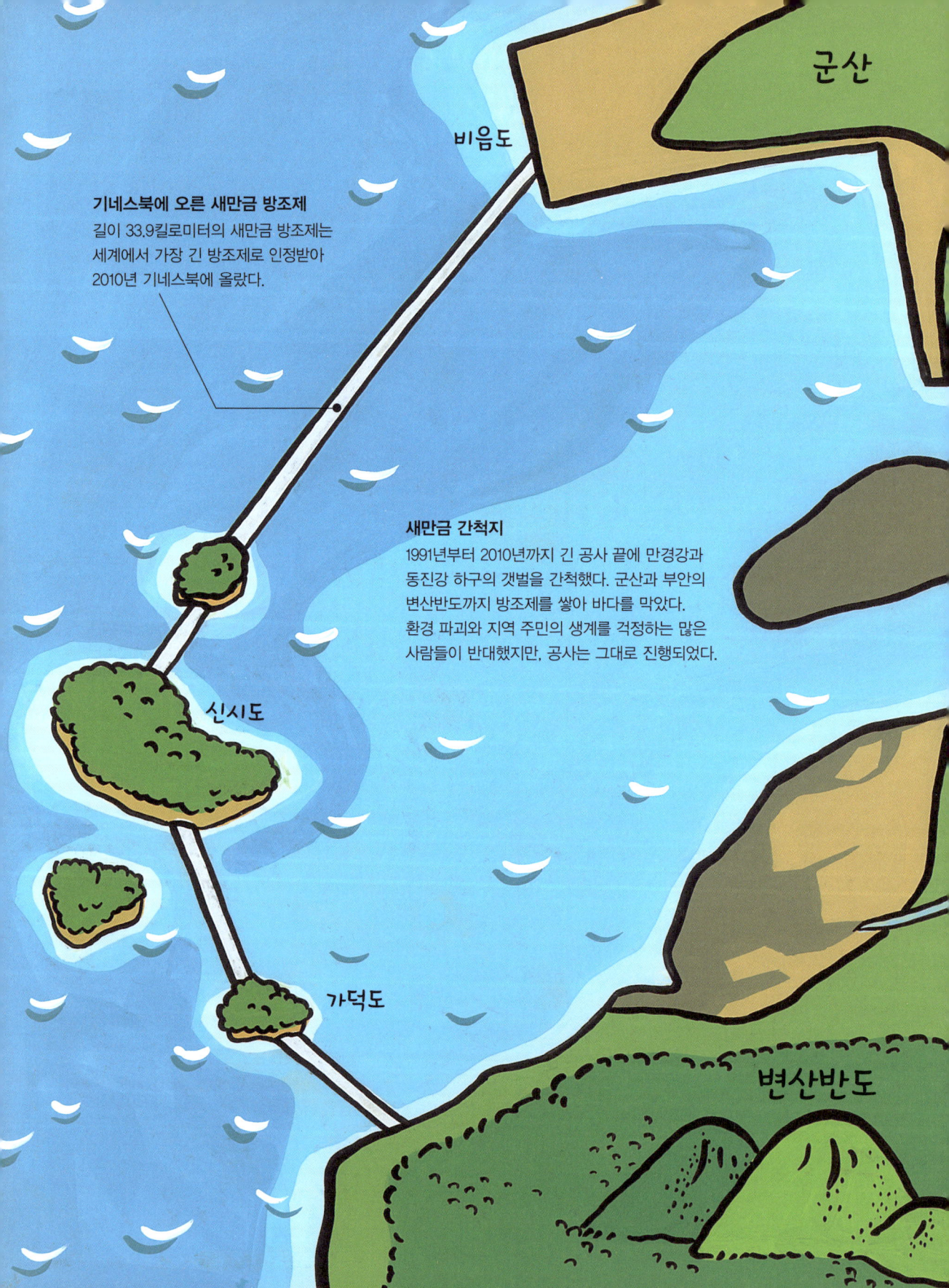

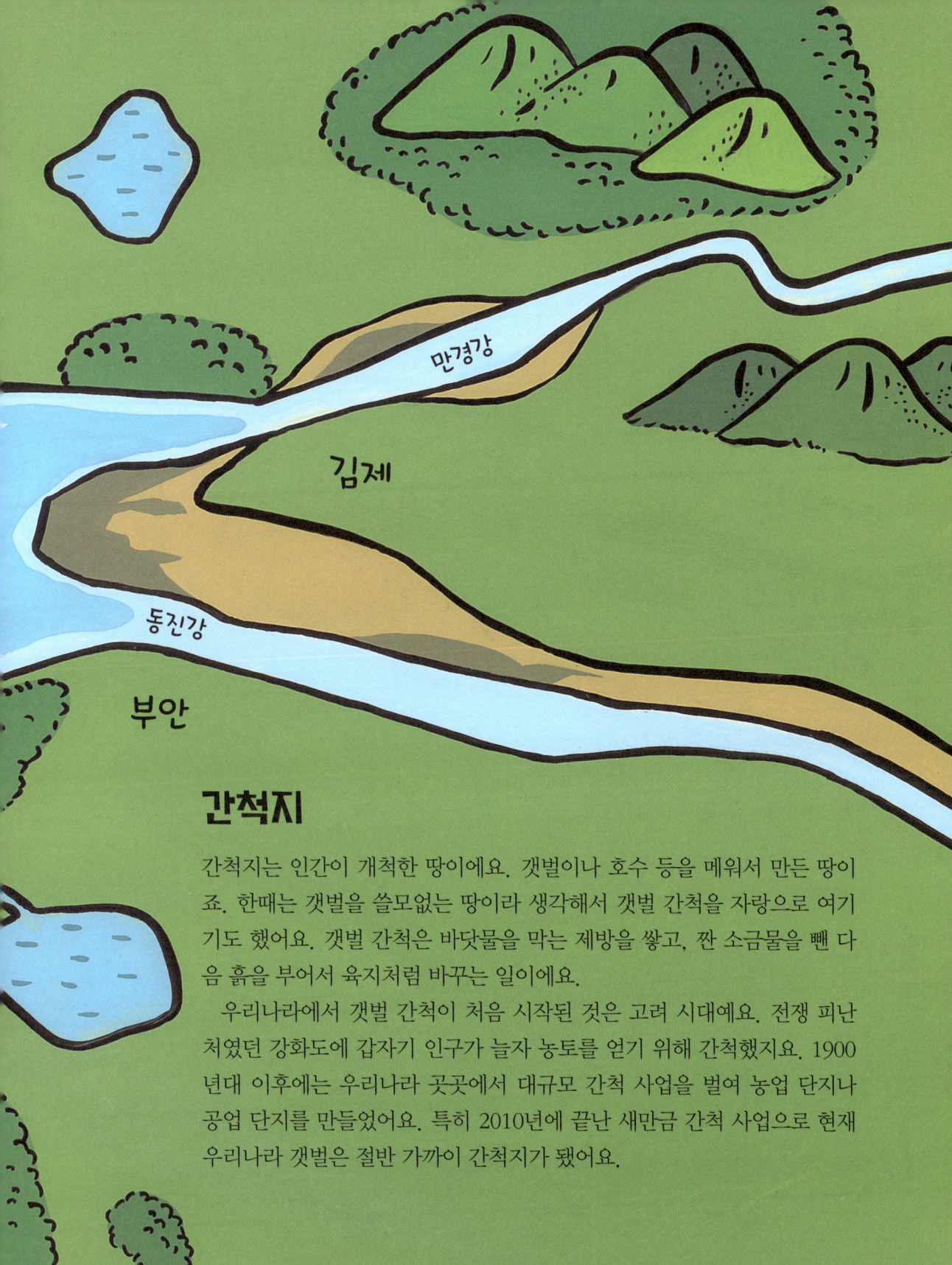

간척지

간척지는 인간이 개척한 땅이에요. 갯벌이나 호수 등을 메워서 만든 땅이죠. 한때는 갯벌을 쓸모없는 땅이라 생각해서 갯벌 간척을 자랑으로 여기기도 했어요. 갯벌 간척은 바닷물을 막는 제방을 쌓고, 짠 소금물을 뺀 다음 흙을 부어서 육지처럼 바꾸는 일이에요.

우리나라에서 갯벌 간척이 처음 시작된 것은 고려 시대예요. 전쟁 피난처였던 강화도에 갑자기 인구가 늘자 농토를 얻기 위해 간척했지요. 1900년대 이후에는 우리나라 곳곳에서 대규모 간척 사업을 벌여 농업 단지나 공업 단지를 만들었어요. 특히 2010년에 끝난 새만금 간척 사업으로 현재 우리나라 갯벌은 절반 가까이 간척지가 됐어요.

그림으로 보는
지형
말뜻 사전

2016년 2월 29일 1판 1쇄
2018년 10월 31일 1판 2쇄

지은이 : 조지욱
그린이 : 김미정

편집 : 강변구
디자인 : 디자인 나비
마케팅 : 이병규, 이민정, 최다은
제작 : 박흥기
인쇄 : 코리아피앤피
제책 : 책다움

펴낸이 : 강맑실 | 펴낸곳 : (주)사계절출판사 | 등록 : 제406-2003-034호
주소 : (우)10881 경기도 파주시 회동길 252
전화 : (031) 955-8588, 8558
전송 : 마케팅부 031) 955-8595 편집부 031) 955-8586
홈페이지 : www.sakyejul.co.kr | 전자우편 : skj@sakyejul.co.kr
독자 카페 : 사계절 책 향기가 나는 집 cafe.naver.com/sakyejul
트위터 : twitter.com/sakyejul | 페이스북 : facebook.com/sakyejul

ⓒ 조지욱, 김미정 2016

값은 뒤표지에 적혀 있습니다. 잘못 만든 책은 구입하신 서점에서 바꾸어 드립니다.
사계절출판사는 성장의 의미를 생각합니다. 사계절출판사는 독자 여러분의 의견에 늘 귀 기울이고 있습니다.
이 책은 저작권법에 따라 보호받는 저작물이므로 무단전재와 무단복제를 금합니다.

ISBN 978-89-5828-949-4 74450
ISBN 978-89-5828-960-9 (세트)

이 도서의 국립중앙도서관 출판시도서목록(CIP)은 e-CIP 홈페이지(http://nl.go.kr/ecip)에서 이용하실 수 있습니다.
CIP제어번호 : CIP2016003609